Bienvenue BEKONE BEKONE

La Démocratie au pays des animaux

Bienvenue BEKONE BEKONE

La Démocratie au pays des animaux

Éditions Muse

Imprint

Cover image: www.ingimage.com

Publisher:
Éditions Muse
is a trademark of
Dodo Books Indian Ocean Ltd. and OmniScriptum S.R.L publishing group

120 High Road, East Finchley, London, N2 9ED, United Kingdom
Str. Armeneasca 28/1, office 1, Chisinau MD-2012, Republic of Moldova, Europe
Printed at: see last page
ISBN: 978-620-4-96547-5

Dr. Bienvenue Bekone Bekone

La démocratie au pays des animaux

Nouvelle

La nuit tombée, la forêt est d'un noir obscur partout ailleurs. À gauche, Elle est calme et anxieuse. À droite, les arbres parlent et se lamentent de la seule présence humaine. Quelques arbres verdoyants et herbeux se déplacent pour nouer une palissade compacte et ombrageuse. Les feuilles joliment coiffées cherchent à réduire le mirage du soir jusque-là indifférent et méfiant. Les lézards gris lézardent, faufilent et défilent dans un coin fin d'un recoin des feuilles mal en point, mortes et jalouses. Les insectes bourdonnent et sont cauteleux des oiseaux qui pépient, jacassent et élèvent leurs cris muets pour manifester leur inébranlable mépris. Une épaisse couche de feuilles juvéniles gorgée de sang recouvre le sol où les pieds du soleil s'enfoncent et se défoncent. Sur les branches, les rossignols, les tisserins chassent les insectes et sautillent de ramée en ramée. Un tronc d'arbre mal éduqué, tordu, trapu et sagement mal coiffé avec les lianes se plaint de ses deux branches qui dansent et bruissent silencieusement sur son dos crêpelé. Les cigales et les grillons stridulent, craquettent, emplissent la futaie de leurs grincements épicés. Non loin, les alytes émettent leurs sonorités fines, cristallines qui ponctuent les rauques coassements des grenouilles et des crapauds cacochymes, orphelins de père et de mère qui s'en vont lentement et subrepticement à l'inhumation de leur dépouille mortuaire. Sans bruits, les lucioles lascives, concupiscentes partent et viennent en illuminant la piste ténébreuse de la nuit blanche et obscure. Une chaleur suave et effrayante monte des ténèbres vers le ciel langoureux, larmoyant de solitude, de souffrance carcérale, d'un regard obséquieux. Minuit, le noir chante une litanie et la nuit pleure de manière flegme pendant que le jour létal séjourne dans une léthargie acariâtre et grincheuse. Et le paysage de la terre est d'une beauté affreuse indicible. La piste fend la brousse d'une trouée qu'on dirait faite à la main. Un singe hagard comme un radar marchait lentement les mains ramollies et alanguies posées sur la tête glabre et vieillie identiquement à un cadavre ambulant ébranlé par la misère en cherchant un ultime réconfort. Mille petites voix bruissaient silencieusement dans la brousse embrasée par l'aubade minuscule et exigus êtres vivants qui se chauffaient et se dilataient. Les clappements des ramures se crispaient et éclataient à l'intérieur des nuées sauvages et clandestines. Les légères flammes explosives s'échappaient furtivement des bocages .De temps à autre, les hululements des chiens et les aboiements des hiboux sans oublier le grincement des dents des serpents noirs agrémentaient, animaient de manière cadentielle et carentielle l'oraison funèbre. Le vent grondait inlassablement et fouettait la voûte qui larmoyait, humectait et dégoulinait comme une pluie diluvienne. Il régnait dans les profondeurs sauvages, les plaintes de la nature subodorant la présence biscornue. La forêt avait un esprit qui souffrait dans la violence forcenée et lacérée de la rafale. Un ciel nuageux et irrité, une pluie rageuse et fine, un vent hargneux et coléreux, des arbres acharnés et décharnés, un soleil radin, piquant et hautain présageaient le long périple, péripétie et pérégrination dans les fourrés obscurs. Les baliveaux étaient répandus autour des summums des tertres et portaient des ramilles vernies au point où les oiseaux chantaient, dansaient et jacassaient les autres bêtes de la forêt. Un verdoyant endroit au fond duquel flottaient de nouvelles nuées qui s'échappaient et s'envolaient à leur tour au firmament. Les animaux se cataloguaient par milliers : les lions, les antilopes, les buffles, les éléphants et les singes s'arrêtaient et se déplaçaient au pas de loisir, du désir, au gré de la famine et de la soif et au goût du hasard des bavards hagards. Les immenses velds, de hautes forêts, de ces trouées effilées en forme de demi-lune de ces arbres gigantesques, de ces bois faisandés, qui succédaient, se chevauchaient, s'enchevêtraient et bifurquaient dans le même paysage bucolique, plein de saveur odorante, de douceur agréable et de sauvagerie glauque et pittoresque. La lune errait sur les montagnes sordides et les étoiles rapetissées continuaient la marche romance jusqu'au fond de la brousse. Une piste squelettique et vertigineuse serpentait et recevait inlassablement des visites inopinées des prédateurs tels que : les lions, les éléphants, les léopards et guépards etc. Les pas amusants de quelques rares allochtones perdus dans la brousse sans embranchement étaient accompagnés par des voix graves des hiboux qui leur rassuraient et leur souhaitaient un bon séjour dans les sous-bois. Les grandes pluies nocturnes exsudaient de gros nuages basanés qui obstruaient les dernières lueurs narquoises et lugubres du soleil. La rivière calomniait la forêt dissimulée par des branchages d'arbres accroupis dans les profondeurs de l'eau moins boueuse et que son bord tapissé d'arbustes plutôt moins spongieux qu'ailleurs dissimulait ses avatars. Derrière, s'étendent des êtres minuscules sur une immense flaque d'afflux et de bourbier entre des bosquets vierges. Les poissons et les reptiles humaient l'odeur fétide, odoriférante et familière de l'affluent particulièrement humide et torride en ces derniers jours. Très loin, les clameurs de l'eau, les sifflements des vagues sinusoïdales et les bruissements muets du torrent calme et assuré inondaient les quatre points cardinaux nautiques. C'est aux alentours de la rivière que la frondaison semblait s'être tue. La forêt était happée par la magie de la bête dont chaque empreinte l'invitait sur l'arène ombrageuse. Une rivière fendait d'un coup de main, quatre ourlets de crustacés de menthe verte et exhalée. Le soleil ardent et doux atténuait les contrastes en jetant partout ses rayons lumineux comme l'éclat de l'azur. Un ululement aigu retentissait et un autre et un autre encore. Les animaux semblaient venir de tous côtés en même temps et emplissait tout l'espace de leur stridence. Les lièvres qui se délectaient au fond de la forêt s'ébranlaient terrifiés de l'ombre du mal et se dispersaient en tous sens. Les buffles passèrent le long du sentier grondant naseaux écumeux et martelant la terre de leurs socques. Le trou d'eau se trouvait de l'autre côté des formations rocheuses qui bouchaient la petite savane près de l'embouchure du grand fleuve, cerné de rochers, truffé de mousses. Dans la colline hardiment coiffée, c'étaient de grands herbages arrosés par des rigoles et séparés par des haies avares. Plus loin, le fleuve canalisé jusque-là s'épandait en un vaste marécage. La pluie torrentielle suintait encore, le jour s'élevait peu à peu sur les branches et les oiseaux se tenaient immobiles, hérissant leurs rémiges au vent froid matutinal. La verdure s'étalait à perte de vue, et les bosquets d'arbres autour des fermes faisaient à intervalles éloignés des taches noires sur cette grande surface grise qui se perdait à l'horizon dans les nuages du ciel. Le chemin disparaissait peu à peu sous un humus de feuilles vertes jaunies où les sons de la nature sauvage s'enfonçaient dans un calme olympien et cornélien. Les pas effrénés des rats sous la voûte noire s'étouffaient soudainement au passage du soleil à l'ombre. Les fourmis magnan glissaient en file indienne dans le bruissement silencieux, sous le grand vent, sous la pluie fraiche et chaude de sous-bois mouillés. Ces voies forestières perdues sous l'immense feuillage verdoyant, avec le passage des animaux et des flaques d'eau boueuse, paraissaient si abandonnées si entièrement reprises par l'instinct sauvage des arbres qui luttaient difficilement contre l'impression qu'elles allaient se renfermer sur la fente étroite de la sente. Au-delà du parapet, la mollesse du fleuve dans ses écailles de lumière, entre des faisceaux d'herbes brûlées, semblait brider le temps lui-même, et le résineux solitaire de la brousse, dans ce paysage-là, semblait avoir perdu beaucoup de membres de leur famille.

Le lion, roi des animaux est le deuxième plus grand félidé, après le tigre et ainsi, il est le plus grand carnivore de la forêt. Il mesure deux-cent-cinquante centimètres de long du bout du museau à la base de la queue et possède une queue d'en moyenne quatre-vingt-dix centimètres. Sa majesté, le lion intronisé roi de l'État des animaux de la forêt après le décès de son père. Sans passer par les urnes, il a tout simplement succédé à son père, considéré jadis comme le roi des animaux. Le lion fils, considéré comme prince a donc accédé au trône pour diriger les animaux de la forêt. Tous les animaux du pays avaient peur de contester son accession à la magistrature suprême de son pays. Le roi avait une masse de deux-cent-vingt-cinq kilogrammes. Sa femme, la lionne, la première dame de la nation des animaux, belle, majestueuse, magnifique et jolie mesure cent-cinquante-huit centimètres sans la queue et possède une traîne qui mesure environ quatre-vingt-cinq centimètres. Elle pèse cent-soixante-huit kilogrammes et a une corpulence en moyenne de vingt à cinquante pour cent moins importante que celui de son époux, le lion, roi des animaux. Le chef, lion, avec une longueur de crâne de quarante-deux centimètres en moyenne et possède la plus grande longueur de crâne parmi les grands félins devançant ainsi le tigre, son potentiel adversaire au trône. Le prince lion succède à son père roi qui est mort des suites d'une longue maladie. Il accède au pouvoir facilement et trop jeune. Le jeune roi lion était naturellement beau. Les yeux ambre, jaunes et une truffe noire. Ses oreilles, couleur sable, sont arrondies. Il possède des griffes rétractiles qui sont protégées par des fourreaux de chair. Ses canines peuvent atteindre six centimètres de long. Sa langue est recouverte de papilles cornées recourbées lui permettent de punir les animaux rebelles, de saisir sa proie, mais aussi de se débarrasser des parasites. Un tel portrait sied véritablement à un jeune chef d'État du royaume des animaux. Pendant son règne, le lion préparait son fils, lionceau, à la relève de la destinée des animaux. Il l'initiait à la gestion des animaux, de la chose animale, et à la cité animale. Il préparait son successeur. Le chef des armées, le lion possède une longue crinière, le plus souvent brun foncé, mais également dans certains cas, noire, brun clair ou fauve. Le royaume est très joli, un parc national et véritable site touristique d'attraction et de découverte. Le roi lion avait mis sur pied la garde animalière pour protéger les animaux de son pays. Il fallait protéger les girafes ainsi que d'autres grands rassemblements d'antilopes à savoir : cobes de Buffon, de nombreux troupeaux d'éléphants, quelques lions et une grande variété d'oiseaux : autruches, pélicans, vautours, chauves-souris qui agrémentent ce magnifique parc du roi des animaux. À ceux-là, s'ajoutent les léopards, les zèbres, les loups, les écureuils, les hyènes, les chacals, les antilopes, les gazelles, les singes, les buffles, les gnous, les rhinocéros, les caïmans, les hippopotames, les grenouilles, les tortus etc. Le lion était bien encadré et aimé. Sa crinière qui est apparue vers l'âge de trois ans et s'étend des joues jusqu'au-dessus des épaules, quelquefois aussi sur le ventre et sur la poitrine. Le lion, roi des animaux, avait une crinière longue et foncée. C'était un indicateur d'une bonne constitution et d'une grande force de combat, car le statut hormonal et la nutrition ont des conséquences sur l'épaisseur ainsi que sur la longueur de la crinière. Avec la crinière empaillée, la première dame, la lionne réagit positivement aux modèles avec une crinière longue et sombre et que son excellence, le lion évite les modèles à la crinière prononcée. Une crinière foncée et épaisse constitue un handicap, car elle capte et conserve la chaleur. Le président, lion ainsi handicapé mais se révèle donc être porteur de meilleurs gènes. Il sait qu'un roi surtout des animaux doit être fort et redoutable. Il sait qu'un lion affaibli présente une crinière plus claire et moins importante. La crinière est une protection contre les coups de griffes de combats contre les autres animaux, adversaires rivaux au trône. La température a aussi un effet important sur la longueur de la crinière et le roi lion de la région climatisée, plus froide, forme une crinière plus importante que ceux de la savane dans des régions très chaudes. Le roi des animaux a de nombreuses moustaches épaisses, également connues sous le nom de vibrisses. Ces longs poils sensibles aux vibrations aident le roi lion à se diriger même dans l'obscurité, ou quand son champ visuel est obstrué. La majeure partie de sa chasse se déroulant la nuit, ils l'aident presque à sentir son chemin dans l'obscurité, le nez vers le ciel. Les plus longues moustaches sont sur sa lèvre supérieure ; ce sont les vibrisses mystaciales. Les moustaches au-dessus des yeux du lion roi sont appelées les vibrisses géniales. Les vibrisses peuvent se développer non seulement sur le visage, mais aussi bien sur le dos des pattes : ces dernières sont appelées poils de carpelle et sont utilisées pour ressentir des vibrations terrestres. Le roi des animaux a une musculature imposante et très développée. Son corps est allongé et trapu sur d'épaisses pattes musclées. Celles-ci permettent de mettre à terre des proies adversaires politiques pouvant faire plusieurs fois sa propre taille. Sa mâchoire est puissante pour être capable de déchirer l'épaisse peau des proies adversaires politiques telles que : les gnous, les panthères et pour rester accrochée sur une proie rebelle qui chercherait à faire tomber le prédateur de son dos. Les muscles des pattes sont également capables d'infliger de sérieux dommages aux animaux récidivistes. Un grand coup de patte du roi est assez puissant pour provoquer la rupture des organes internes et même pour casser des os des animaux adversaires, des opposants politiques ou des animaux terroristes. Le roi lion a un pelage court, de couleur sable, jaune or ou ocre foncé. La face intérieure des pattes est toujours plus claire, tout comme le ventre chamoisé, presque blanc chez la première dame des animaux, la lionne. Les lionceaux du roi des animaux ont des taches sombres sur l'ensemble du corps, mais qui disparaissent déjà au cours de la première année. Il existe chez le roi des animaux des cas occasionnels de leucistisme, une particularité génétique due à un gène récessif, qui donne une couleur blonde, crème voire blanche au pelage. Ses yeux conservent leurs pigments et restent le plus souvent de couleur normale : noisette ou or, mais peuvent également être vert-gris quand il est en colère. Les lèvres et les coussinets restent également normalement pigmentés. Le plus étonnant chez son excellence, roi des animaux est sa queue se terminant par un pinceau de poils noirs ; non seulement cette dernière est indispensable contre ses ennemis politiques, les mouches, mais à l'extrémité se trouve une vertèbre non développée, un ergot corné noirâtre, qui au moment du danger, agite violemment sa queue, lui pique les flancs à la manière d'un éperon et l'excite à se jeter sur ses ennemis. Tout à l'extrémité de la queue du roi des animaux, l'ergot noirâtre de consistance cornée de huit à onze millimètres de longueur est entouré à sa base par un repli annulaire de la peau et adhère fermement à un follicule unique d'apparence glanduleuse ; la couleur est celle de la corne, devenant d'ailleurs de plus en plus obscure, jusqu'à l'extrémité qui est presque noire. Il est comprimé latéralement dans toute son étendue ; droit depuis la pointe jusqu'au tiers de sa longueur, il se coude légèrement en ce point, qui est marqué par une faible dépression : à partir de cette courbure, il s'élargit rapidement jusqu'à sa base. Ces parties, si petites, et la pointe cornée sont littéralement ensevelies au milieu de la touffe terminale de la queue.

Le lion, Roi des animaux étant mort, tous les animaux accoururent dans son antre pour consoler la lionne, sa veuve, qui faisait retentir de ses cris les mamelons et les futaies. Après lui avoir fait leurs dithyrambes, les bêtes commencèrent l'élection d'un tout premier président de la république démocratique des animaux.

Le premier candidat à la succession du lion, le tigre prend aussitôt la parole : « Je prétends être président, car j'incarne le sens du rassemblement. Le deuxième prétendant, l'éléphant dresse sa feuille de route sur la puissance et la force, gages de gloire et de bravoure de protection de tous les animaux. Le troisième candidat, le singe annonce que son mandat achoppera sur l'amour, la solidarité, le vivre ensemble et le manger ensemble. L'hyène quant à elle, pense qu'elle est le choix du peuple, garante du sceau de la démocratie, de la liberté, de l'égalité, du travail et de la prospérité. Pour elle, le peuple animal est souverain. Après suffrages indirects valablement truqués et non exprimés par les animaux, le prince lion qui n'était pas candidat, accède au trône de son père, roi des animaux de la forêt, sans doute aidé par les animaux de la neige.

Dans la forêt, les animaux avaient peur de contester le jeune roi lion, car, il était non seulement influent mais aussi redouté. Après plusieurs années de règne au pouvoir, il prend le goût du pouvoir et ne veut même pas organiser des élections présidentielles démocratiques. Pour montrer aux animaux de la communauté internationale qu'il respectait les valeurs républicaines et démocratiques, il organisait des élections sans adversaires et amadouait, embobinait tous les animaux opposants pour qu'ils soient ses alliés. Il manipulait à sa guise ces élections et mettait tous les moyens, tout l'arsenal, toute la machine de l'État pour les remporter. Même les animaux morts depuis des lustres étaient soudoyés pour venir voter le parti des animaux au pouvoir. Il payait la conscience des animaux afin qu'ils votent en sa faveur. Pour couvrir tous les bureaux de vote, il utilisait les voitures de l'État pour se déplacer et adulait tous les animaux qui présidaient les bureaux de vote. Pour la campagne, il achetait la conscience des animaux électeurs par du pain et des boites de sardine. Il distribuait des montres, des tissus, les chapeaux et les tee-shirts du parti aux animaux de classe à terne. Les élections étaient taillées sur mesure pour permettre au lion de s'éterniser au pouvoir, à la tête de la nation des animaux de la forêt. Il gagnait les animaux alliés souvent à des pourcentages faramineux de plus de quatre-vingt-dix- neuf pour cent. Ces animaux adversaires n'étaient rien d'autre que ses amis et alliés au pouvoir. Ils jouaient à une farce, pour voiler les yeux attentifs des animaux des pays des forêts, bien avertis et aguerris de l'organisation des élections qui ne pouvaient que s'en mordre les doigts et se vouer au mutisme, car la bouche qui mange ne parle pas. L'animal qui a bu, boira. Parfois, le lion était aidé et soutenu par certains animaux des pays des forêts de la diaspora, malgré le mécontentement d'autres. La situation des animaux ne changeait guère. Quand le père lion gouvernait son empire des animaux, le pays se développait en dents de scie. La corruption et les détournements étaient minimes. Car l'animal qui tentait de voler l'argent du contribuable des animaux était pendu à la place publique aux regards hagards et impuissants de la population animale qui boudinait de douleur. Les animaux avaient peur du père lion. C'était un véritable dictateur féroce qui tuait les animaux coupables de corruption, de vol et détournements sans scrupule. Toutefois, les choses allaient pour le mieux dans la forêt et les animaux prospéraient et trouvaient leur compte. L'économie du pays des animaux de la forêt se portait bien puisqu'il venait même en aide aux animaux des forêts d'Asie et de la savane de l'Est. Il construisait les industries qui diminuaient le chômage et la pauvreté de la population animale. Le niveau de vie des animaux était élevé. Les droits et libertés des animaux étaient limités, car ils vivaient tous dans des parcs hautement protégés. Les animaux avaient l'obligation de garder le silence et de vaquer tout simplement à leurs activités. L'animal qui parlait était abattu publiquement à l'abattoir animal. Le père lion était un dictateur au cannibalisme exacerbé, car il se nourrissait de sang et la chair des autres animaux. Les sectes et les pratiques rituelles augmentaient son pouvoir et l'éternisaient au trône. C'était un titan tyran qui était obsédé du pouvoir et éliminait tous les animaux qui étaient soupçonnés de le convoiter. Le père lion était un dictateur, un tyran surtout lorsqu'il voulait fragiliser un animal dont il doutait, il soumettait sa femme qui lui divulguait tous les secrets de son époux. Si le secret divulgué avait un lien direct ou indirect avait son pouvoir, il l'abattait, buvait son sang et se nourrissait de sa chair fraiche. Par la suite, il continuait à soumettre la femme de cet animal tué. La plus part de ses crimes était causé en majeure partie par les épouses de ces animaux-là. Il soumettait les femmes de ses plus proches collaborateurs pour les dominer et les maitriser. Mais quand le fils lion a remplacé son père lion, le laxisme et tous les autres maux se sont installés. Il avait séduit le peuple animalier par son programme politique basé sur le renouveau. En quoi consistait-il ? Le libéralisme communautaire, une économie diversifiée et résiliente notamment les grandes réalisations et les grandes opportunités. Il avait commencé à détruire tout ce que son père lion avait laissé. Il avait changé la dénomination du parti uni des animaux que son père lion avait créé, il avait dissout le parti et avait créé un autre parti pour rassembler démocratiquement le peuple animal. Il avait privatisé toutes les entreprises que le roi lion avait laissées. Il les avait vendues aux animaux des pays du nord et aux animaux multinationaux. Les animaux, employés dans ces sociétés avaient perdu leur emploi et s'étaient retrouvés au chômage. Il avait ouvert grandement les portes à la corruption, aux détournements, au blanchissement illicite de l'argent des animaux de la forêt. Ce qui était interdit à l'époque du père lion avait été autorisé par le fils lion. Certains animaux fonctionnaires, exerçant à la fonction publique des animaux, devenaient des chefs d'entreprises, des hommes d'affaires influents du pays des animaux. Le jeune roi avait écarté la norme et avait normalisé l'écart. La situation du pays des animaux allait de mal en pis. Le panier de la ménagère animale devenait de plus en plus cher. Les animaux ministres achetaient tous les lopins de terre des animaux agriculteurs. Ils les laissaient sans un petit morceau de terre et étaient condamnés à la misère carcérale et à la pauvreté ambiante. Ils passaient le plus clair de leur temps à mendier, à quémander et à voler. Le jeune roi lion nommait les animaux aux postes ministériels par affinité. C'était des camarades de classe, des amis et ceux appartenant à la même tribu animale. Au lieu que ces animaux viennent avec des idées de développement du pays, de l'intérêt général des animaux, ils venaient plutôt servir leurs propres intérêts, leurs intérêts personnels et familiaux. C'était de véritables prédateurs des fonds publics, qui gaspillaient l'argent du contribuable animal avec un train de vie hautement élevé. Le jeune roi des animaux était considéré comme un dieu. Les animaux le vénéraient. Les lions communiquaient entre eux par de nombreux moyens. Leur communication vocale se composait de grognements, grondements, sifflements, gémissements, miaulements et du célèbre rugissement. Leur os hyoïde n'était que partiellement ossifié, c'était cette disposition qui leur permettait de rugir, mais de ce fait, ils n'étaient pas en mesure de ronronner à proprement parler ; mais ils le faisaient, comme d'autres fauves, par expiration. On entendait quand deux lions agissaient l'un sur l'autre sur une base amicale. Le ronronnement ne retentissait pas comme celui d'un petit chat, mais plutôt comme un grognement ou un ronflement grave. Le rugissement avait diverses significations, selon la situation dans laquelle il était employé. Rugir était employé pour délimiter le territoire, appeler les autres membres du groupe, intimider les rivaux et renforcer le lien « familial » entre les membres du groupe. Les rugissements du mâle sont plus forts et plus profonds que ceux de la femelle. Par une puissante expiration, les lions rugissaient, rentrant leurs flancs et gonflant la poitrine, souvent dans un bas grondement commençant par quelques bas grognements et gémissements, qui indiquaient à d'autres lions qu'un groupe vivait dans le secteur, et de rester en dehors du territoire. Par une nuit claire, il pouvait être entendu jusqu'à cinq kilomètres de distance. Les femelles employaient un bas grognement pour appeler leurs petits. Le langage corporel était d'égale importance. Les lions ont un cérémonial complexe de salutation au cours duquel ils gémissent doucement l'un et l'autre, balancent la tête latéralement et gardent la queue levée vers le haut, voire posée sur le dos de l'autre lion. Comme certains autres félins, les lions se cognent la tête en se saluant. Le lèchement de la tête, des épaules et du cou est également un signe d'affection. Les lions, tout comme d'autres félins sauvages, ont les oreilles noires avec de grands cercles blancs sur leur dos. Ces grands cercles blancs permettent d'indiquer l'humeur : quand ils sont fâchés, les lions et d'autres carnivores étendent leurs oreilles à plat contre leur tête. Il est difficile de dire si un félin est fâché à distance, mais si vous voyez les cercles blancs clignotants, vous pouvez savoir à distance que ce dernier est furieux et qu'il vaut mieux ne pas s'en approcher. Cela permet d'éviter beaucoup de combats. Les lions atteignent leur maturité sexuelle et sociale à l'âge de trois ou quatre ans, leur maturité physiologique à trente mois pour les mâles et vingt-quatre mois pour les femelles. Il n'y a pas de saison de reproduction définie. Pour vérifier la fécondité d'une femelle, le mâle utilise l'organe sexuel, se situant sur le palais, sous la surface intérieure du nez. Pour ce faire, le lion relève la lèvre supérieure et ouvre la gueule. Même si un mâle arrive au sommet de la hiérarchie, il ne peut se reproduire avec une femelle qu'avec son consentement. C'est en tournant autour de lui, en se roulant à ses pieds, en frottant sa tête contre son cou, que la femelle provoque le mâle dominant. Elle se met à plat ventre et relève la croupe ; cette position, appelée lordose, permet au mâle une meilleure pénétration. Pendant l'accouplement, le lion garde la nuque de la femelle dans sa gueule et la mort au cou. Cela la garde instinctivement calme ; le pénis du mâle est garni de protubérances épineuses et lorsqu'il se retire, on suppose que la lionne ressent de la douleur. C'est ainsi qu'elle proteste en rugissant et se retourne fréquemment contre lui dans une posture agressive. C'est la pénétration qui déclenche la ponte des ovules qui seront fécondés par les spermatozoïdes. Si une lionne accepte de se reproduire, ils s'accoupleront toutes les quinze minutes et ce, jusqu'à cinquante fois par jour, auquel cas chaque rapport dure environ trente secondes, jusqu'à ce que l'œstrus de la femelle, qui ne dure que quatre jours soit terminé. Après une gestation d'environ quatre mois, la lionne, cachée loin du groupe, met au monde un à quatre lionceaux, aveugles, de deux kilogrammes. Durant leurs six premières semaines de vie environ ils ne seront qu'allaités par la mère dans la cache par ses quatre glandes mammaires. Si cette dernière est assez éloignée du groupe, la mère ira seule à la chasse. Il peut arriver que les petits restent jusqu'à quarante-huit heures seuls dans la cache ce qui peut s'avérer dangereux, particulièrement à cause des hyènes et de bien d'autres prédateurs. Après trois à quatre semaines, la lionne amène ses petits dans le groupe et ils se mêlent à d'autres lionceaux. Les problèmes d'acceptation sont rares. La durée de vie d'un lion s'élève de douze à quatorze ans à l'état sauvage, rarement plus de vingt ans. Toutefois, seules les femelles atteignent un tel âge. Les mâles sont généralement tués par un plus jeune concurrent ou, après une longue errance, ne trouvent plus de groupe et meurent de faim. Quelques lions ont toutefois vécu en parc zoologique jusqu'à l'âge de vingt-neuf ans. Le lion ne chasse généralement que dans l'obscurité ou aux heures fraîches du matin ; l'obscurité et les températures plus clémentes constituent un avantage important. De plus, le lion est inactif de vingt à vingt et une heures par jour, dont quinze heures de sieste. Il consomme en moyenne sept kilogrammes de viande par jour. Toutefois, si la chasse a été bonne et si elle a manqué quelques repas, la lionne peut avaler jusqu'à trente kilogrammes de viande en une seule fois, tandis que le mâle peut en avaler jusqu'à quarante kilogrammes. Les lions ne chassent que lorsque leur réserve de nourriture est épuisée. Vers l'âge de deux ans, les lionceaux apprennent l'art de la chasse et partent à trois ans avec leur mère chasser une première fois. Dans la savane, milieu ouvert, les lions sont facilement repérables par leurs proies. De plus, un animal vigoureux peut venir à bout d'un chasseur solitaire. Un jeune buffle a été observé luttant avec une lionne pendant quatre-vingt-dix minutes pour ne perdre finalement que sa queue. La chasse à deux ou à plusieurs offre donc de meilleures chances de succès et permet des prises imposantes. Les lionnes assurent de quatre-vingt-dix pour cent des prises lors de la chasse. Les mâles, plus lourds, moins rapides et plus facilement repérables par leur corpulence et leur crinière, sont moins efficaces. Les lionnes et les lions utilisent des techniques différentes selon le terrain, leurs préférences et les méthodes de défense des proies. La lionne chasse en général à l'aube ou au crépuscule, ou encore à la faveur de la nuit. À l'affût, tapie derrière les hautes herbes, elle attend qu'un animal ait baissé la tête pour brouter, manifeste des signes d'inattention ou se trouve en position isolée. Elle risque alors une approche discrète jusqu'à trente mètres environ, puis elle charge et projette violemment sa proie à terre. Pesant de tout son poids sur elle, elle la saisit à la gorge. Trachée et œsophage sectionnés, la victime meurt en quelques minutes. Les lionnes maintiennent souvent leur proie par le museau jusqu'à ce que celle-ci étouffe. Lorsqu'elles chassent en groupe, les lionnes encerclent la proie, voire le troupeau, et s'en approchent ensemble ; elles rampent à plat ventre souvent sur plusieurs centaines de mètres jusqu'à leur proie, auquel cas l'environnement est utilisé le plus intelligemment possible pour se camoufler. Lorsqu'une distance d'environ trente mètres est atteinte, alors la proie est chargée. Chaque bond fait environ six mètres de long et peut atteindre le double en longueur et quatre mètres en hauteur. La proie est alors tuée par une forte morsure à la nuque ou au cou de façon à atteindre la veine jugulaire ou la carotide. Comme les lionnes chassent dans des espaces ouverts, la chasse commune augmente la chance de frapper avec succès une proie. Elles se renvoient aussi la proie entre elles. En outre, la proie dans le groupe peut être défendue plus facilement contre des voleurs comme les lycaons et les hyènes.

Les ancêtres de l'hyène ont probablement développé des comportements sociaux en réponse à la pression accrue des autres prédateurs, et les ont forcés à opérer en équipe. Au cours de leur évolution, les hyènes ont développé des carnassières aiguës, derrière prémolaires écrasantes, ce qui rendait l'attente de la mort de leur proie inutile, elles sont donc devenues des chasseurs en meute. Elles ont commencé à former des territoires de plus en plus vastes, rendus nécessaires par le fait que leurs proies étaient souvent migratrices et que de longues poursuites sur un petit territoire les auraient amenés à empiéter sur le territoire d'un autre clan. Les hyènes semblent anatomiquement plus proches des Felidae, elles ressemblent beaucoup plus à des chiens qu'à des chats. L'hyène a une gorge et des membres antérieurs forts et bien développés, mais des membres postérieurs relativement peu développés. La croupe est arrondie plutôt qu'anguleuse, ce qui empêche les attaques venant de l'arrière. La tête est large et plate avec un museau émoussé et un large « rhinarium ». Les oreilles de la hyène sont arrondies plutôt que pointues. Chaque patte a quatre doigts, palmés et armés de courtes griffes, solides et émoussées. La queue est relativement courte, mesurant trois cents à trois-cent-cinquante millimètres de long. Mâles et femelles ont une paire de glandes anales qui s'ouvrent dans le rectum juste à l'intérieur de l'ouverture anale. Ces glandes produisent une sécrétion blanche et crémeuse qui se colle sur les tiges d'herbe en retournant le rectum. L'odeur de cette sécrétion est très forte, sentant le savon bon marché bouillant ou la brûlure, et peut être détectée par l'homme plusieurs mètres sous le vent. L'hyène possède un cœur proportionnellement large, constituant près d'un pour cent de son poids corporel et lui donnant ainsi une grande endurance lors des poursuites de chasse. Le crâne de l'hyène tachetée diffère de celui de l'hyène rayée par sa taille beaucoup plus grande et sa crête sagittale plus étroite. Pour sa taille, l'hyène possède l'un des crânes les plus puissants de la Carnivora. Sa dentition est à double usage, à l'inverse de celle des autres espèces modernes d'hyènes, qui sont pour la plupart des charognards ; les prémolaires supérieure et inférieure sont des broyeurs d'os, avec un troisième cône qui tient les os en saillie par la quatrième prémolaire inférieure. Elle a aussi ses carnassières situées derrière ses prémolaires de broyage d'os, dont la position lui permet de broyer l'os avec ses prémolaires sans émousser les carnassières. Combinées à de grands muscles au niveau de la mâchoire et une voûte spéciale pour protéger le crâne, ces caractéristiques lui donnent une puissante mâchoire qui peut exercer une pression de quatre-vingt kilogrammes soit quarante pour cent de force en plus qu'un léopard. Des hyènes ont été observées en train de fendre des os des girafes mesurant sept centimètres de diamètre. Une hyène tachetée de soixante-trois kilogrammes a une force d'occlusion de cinq cent soixante-six newtons à l'extrémité canine et de neuf-cent-quatre-vingt-cinq newtons à l'écône carnassial. Les petits naissent avec des poils noirs et doux et commencent à perdre leur pelage noir pour développer le pelage tacheté de couleur plus claire des adultes à l'âge de deux à trois mois. La couleur de base des adultes est un brun grisâtre ou gris jaunâtre pâle sur lequel se superposent un motif irrégulier de taches arrondies sur le dos et l'arrière-train. Les taches, qui sont de distinction variable, peuvent être rougeâtres, brun foncé ou presque noirâtres. La taille des taches varie, même au sein du même individu, mais elles ont généralement un diamètre de vingt millimètres. Un ensemble de bandes et à peine distinctes remplace les tâches sur le dos et les côtés du cou. Une large bande médiale est présente à l'arrière du cou et se prolonge en une crête tournée vers l'avant. La crête est principalement de couleur brun rougeâtre. La calotte et la partie supérieure du visage sont brunâtres, sauf une bande blanche au-dessus des yeux, bien que le devant des yeux, la zone autour du rhinarium, les lèvres et la partie arrière du menton soient tous noirâtres. Les membres sont tachetés, bien que la couleur des pieds varie du brun clair au noirâtre. La fourrure est relativement clairsemée et se compose de deux types de poils: sous-fourrure moyennement fine mesurant vingt millimètres et de longs poils à poils épais de quarante millimètres. L'hyène est remarquable pour la structure et l'apparence des organes génitaux féminins. Les organes génitaux des femelles ressemblent beaucoup à ceux des mâles ; le clitoris est en forme de pénis, un pseudo-pénis, et est capable d'érection. La femelle ne possède pas non plus de vagin externe (ouverture vaginale), car les lèvres sont fusionnées pour former un pseudo-scrotum. Le pseudo-pénis est traversé jusqu'à son extrémité par un canal urogénital central par lequel la femelle urine, copule et donne naissance. Chez une femelle non sexuellement mature, les organes sexuels ne peuvent être distingués de l'extérieur de ceux d'un mâle. Le pseudo-pénis se distingue des organes génitaux des mâles par sa longueur légèrement plus courte, son épaisseur plus grande et son gland plus arrondi .Chez le mâle et la femelle, la base du gland est couverte d'épines péniennes. La formation du pseudo-pénis semble largement indépendante des androgènes, puisque le pseudo-pénis apparaît chez le fœtus féminin avant la différenciation de l'ovaire fœtal et de la glande surrénale.

Lorsqu'il est flasque, le pseudo-pénis se rétracte dans l'abdomen, et seul le prépuce est visible. Après l'accouchement, le pseudo-pénis est étiré et perd beaucoup de ses aspects d'origine ; il devient un prépuce à paroi lâche et réduite avec un orifice élargi et des lèvres fendues. Deux gros mamelons abdominaux sont présents chez les femelles en lactation, ainsi que deux petits mamelons non fonctionnels situés un peu en arrière de ceux-ci. Les sociétés des hyènes sont plus complexes que celles des autres mammifères carnivores et ressemblent particulièrement à celles des primates cercopithèques en ce qui concerne la taille du groupe, la structure, la compétition et la coopération. Les clans de hyènes tachetées sont des sociétés dites de fission-fusion dans lesquelles les membres du clan passent leur temps seuls ou en sous-groupes chasser ou patrouiller le territoire, ce qui signifie que la taille et la composition du clan peuvent varier. Les clans sont donc moins étroitement liés que ceux des lycaons. Ils ne se rencontrent qu'en grand nombre lors de la chasse de grosse proie, dans la tanière communale ou lorsque les membres du clan se rassemblent pour défendre leur territoire. Les clans sont structurés selon une hiérarchie de dominance linéaire stricte et stable. Le noyau stable de tout clan est composé de un à plusieurs groupes matrilinéaires apparentés contenant plusieurs femelles adultes et leurs progénitures. En outre, chaque clan comprend également plusieurs mâles adultes immigrants. La hiérarchie des hyènes est népotique les fils et les filles des femelles dominantes apprennent à devancer les membres du clan subordonnés à leur mère durant leur développement. À l'âge de quelques semaines, ils commencent à approcher activement les autres membres du clan. Lorsqu'un membre du clan est subordonné à sa mère, celle-ci soutient son petit et l'aide à dominer l'autre membre du clan; lorsqu'un individu domine la mère, celle-ci manifeste un comportement d'évitement ou de soumission. Les rangs dans la société hyène ne sont pas corrélés avec les attributs intrinsèques (taille, sexe, force); le pouvoir dans la société de l'hyène réside dans les individus ayant le meilleur réseau d'alliés. Les relations de domination dans la société des hyènes sont le résultat de disparités dans le soutien social plutôt que de différences dans les caractéristiques physiques telles que la force ou l'agressivité. Les individus avec un meilleur soutien social potentiel dominent toujours l'adversaire lors d'une rencontre entre deux individus, quelle que soient leur taille, leur sexe ou leur force. Les femelles restent généralement dans leur clan natal, alors que les mâles se dispersent généralement à l'âge de trois ans et demi. Les mâles immigrants rejoignent un nouveau clan au bas de la hiérarchie sociale masculine et restent dans une file d'attente dans l'attente d'améliorer leur statut social. De ce fait, les femelles et les mâles natifs vont dominer les mâles immigrants dans le nouveau clan dans la mesure où ils perdent leur soutien social potentiel lors de la dispersion. Les hyènes de haut rang maintiennent leur position par l'agression dirigée contre les membres de clan de rang inférieur. Les hyènes utilisent de multiples modalités sensorielles, reconnaissent des individus différents, sont conscientes que certains membres du clan peuvent être plus fiables que d'autres, reconnaissent les relations de parenté et de rang entre eux, et utilisent ce savoir de manière adaptative lors de la prise de décision sociale. Parmi les hyènes, les membres apparentés passent plus de temps ensemble que les non-apparentés, et les comportements d'affiliation envers les apparentés sont plus fréquents qu'envers les non-apparentés. Bien que chaque hyène tachetée ne s'occupe que de ses propres jeunes, et que les mâles ne participent pas à l'élevage de leurs petits, les observations comportementales suggèrent que les petits peuvent être en mesure d'identifier des parents aussi éloignés que des grands-tantes. De plus, les mâles s'associent plus étroitement à leurs propres filles qu'avec des petits sans lien de parenté, et ces derniers privilégient leurs pères en agissant de manière moins agressive à leur égard Cependant, les petits s'associent plus étroitement aux demi-frères et sœurs maternels qu'aux demi-frères et sœurs paternels, ce qui suggère un mécanisme basé sur l'association liée à une correspondance physique dans la reconnaissance de la parenté chez la hyène. L'environnement maternel (fort investissement, lait riche en nutriments pendant une longue période de lactation) a un impact significatif sur la qualité et la condition physique de leur progéniture.

Les filles de mères de rang élevé grandissent plus vite, survivent mieux et auront une valeur reproductive supérieure à celles des filles de rang inférieur. Un bon investissement maternel influence également la condition physique des fils. Les fils nés d'une femelles de rang supérieur grandissent plus rapidement, survivent mieux, sont plus susceptibles de se disperser vers les clans offrant les meilleures perspectives de condition physique, commencent à se reproduire plus tôt et ont une valeur reproductive plus élevée que les fils nés d'une femelle de rang inférieur. Les renversements de rangs et les renversements dans les clans d'hyènes sont très rares. La dynamique à long terme des réseaux sociaux des hyènes tachetées est déterminée par de plusieurs facteurs : environnementaux, individuels et topologiques. Les facteurs environnementaux et saisonniers comprennent l'abondance des proies, la pluie et la compétition avec d'autres espèces ; des facteurs individuels tels que le sexe, le rang social ou la préférence à créer des liens avec les femelles et avec les membres apparentés; et les facteurs topologiques comprennent la tendance à former des triades au sein du clan. En effet, les hyènes ont tendance à s'associer avec des «amis de leurs amis » et à former des groupes. Les hyènes adultes de rang supérieur ont tendance à avoir une longueur de télomère plus long. La longueur des télomères a été identifiée comme un mécanisme par lequel la forme physique et l'espérance de vie peuvent varier. Les longs télémères augmentent probablement la survie et la durée de vie. Les adultes de haut rang s'assurent un meilleur accès à la nourriture et le stress métabolique chez les adultes de rang inférieur, causé par des problèmes environnementaux, serait corrélé au raccourcissement des télomères. Ainsi, les adultes de haut rang peuvent être en meilleure santé, vivre plus longtemps et se reproduire davantage. Cependant, l'âge n'est pas un facteur prédictif de la longueur des télomères et n'affecte pas fortement la longueur des télomères chez les hyènes adultes. Les mouvements saisonniers des principales espèces de proies des hyènes provoquent une variabilité considérable de l'abondance des proies sur leur territoire. Les clans marquent leurs territoires en collant une sécrétion de la glande anale sur l'herbe ou en fouillant dans des latrines spéciales situées à la limite de l'aire de répartition des clans. Les hyènes ignorent toutefois les frontières des clans en période de pénurie alimentaire dans le Serengeti, et se rendent dans des zones éloignées jusqu'à soixante-quinze kilomètres à la recherche d'une proie; trente kilomètres dans le désert du Namib et au Kalahari, la distance moyenne parcourue varie entre quarante-deux et quatre-vingt kilomètres. Les membres de haut rang d'un clan ont plus de chances de s'introduire sur le territoire d'un autre clan que les membres de bas niveau et les mâles qui se sont dispersés de leur clan d'origine vers un nouveau clan peuvent revenir dans leur clan d'origine et y assumer leur statut social d'origine pendant deux ans. Les hyènes voyageant dans le domaine vital d'un autre clan présentent généralement des postures corporelles soumises, en particulier lors de rencontres avec d'autres hyènes. L'agression est plus fréquente lorsque les hyènes rencontrent des intrus à la recherche de nourriture, ce qui peut dégénérer en combats provoquant de graves dommages physiques. La reproduction de l'hyène ne dépend pas de la saison, bien qu'un pic de naissance puisse survenir pendant la saison des pluies dans certaines régions. Les femelles sont polyestrus, avec une période d'œstrus durant deux semaines. Comme de nombreuses espèces de félidés, l'hyène peut avoir plusieurs partenaires et aucun lien de pair durable ne se forme. Les membres des deux sexes peuvent s'accoupler avec plusieurs partenaires pendant plusieurs années. Les mâles manifesteront en général un comportement de soumission à l'approche des femelles en chaleur. Les jeunes femelles moins de cinq ans préfèrent généralement les individus plus jeunes ou immigrés qui ont rejoint le clan après leur naissance. Les femelles plus âgées montrent une préférence similaire, avec toutefois une préférence pour les mâles avec qui elles ont eu des relations antérieures longues et amicales. Les mâles passifs ont tendance à avoir plus de succès à courtiser les femelles que les mâles montrant plus d'agressivité. La copulation chez les hyènes est une affaire relativement courte, qui dure de quatre à douze minutes, et qui ne se produit généralement que la nuit, en l'absence d'autres hyènes. Le processus de reproduction est compliqué, car le pénis du mâle entre et sort du tractus génital de la femelle par son pseudo-pénis plutôt que directement par le vagin, qui est bloqué par le faux scrotum. Ces caractéristiques inhabituelles rendent l'accouplement plus difficile pour le mâle que pour les autres mammifères, tout en garantissant que le viol est physiquement impossible. Une fois que la femelle a rétracté son clitoris, le mâle entre dans la femelle en glissant sous elle, opération facilitée par l'angle ascendant du pénis. Une fois que cela est accompli, une posture typique d'accouplement mammifère est adoptée. La durée de la gestation est de cent dix jours. Aux dernières étapes de la grossesse, les femelles fournissent à leur progéniture en développement des concentrations élevées d'androstènedione ovarienne. Les nouveau-nés ont des poils noirs et brunâtres et pèsent en moyenne un kilogramme et demi. Unique parmi les mammifères carnivores, ils naissent les yeux ouverts et ont des canines de six à sept millimètres de long et des incisives de quatre millimètres de long. Les petits s'attaquent entre eux peu de temps après la naissance, probablement en raison des taux élevés d'androgènes auxquels ils ont été exposés au cours du développement. Cette rivalité entre frères et sœurs est particulièrement présente chez les portées de jumeaux et peut entraîner un « caïnisme », c'est-à-dire la mort du petit affaibli par la famine lorsque la mère ne fournit que très peu de lait pendant une période prolongée. Après le caïnisme, le taux de croissance et les chances de survie à l'âge adulte du frère jumeau dominant sont considérablement augmentés. Les petits dépendent du lait maternel pendant environ les douze premiers mois de leur vie. Cette longue période de dépendance est susceptible de favoriser la sélection pour une forte rivalité entre petits d'une même fratrie, ce qui peut conduire au caïnisme si les conditions environnementales sont mauvaises (telles que la faible abondance de proies). En effet, les mères doivent chercher leur nourriture sur de longues distances et ne faire téter leurs petits que tous les quelques jours, empêchant ainsi la distribution de lait maternel pour soutenir une portée de jumeau Les jeunes qui atteignent un taux de croissance élevé au cours des six premiers mois ont un taux de survie jusqu'à l'âge de l'indépendance de deux ans, supérieur à celui de ceux dont la croissance est faible. L'établissement de la relation de dominance entre les jumeaux au début de la vie augmente donc les chances de survie d'au moins un petit pendant les périodes de faible abondance de proies. Dans les zones où les proies sont abondantes toute l'année sur le territoire ou dans les territoires de clans adjacents tels que le cratère de Ngorongoro, les mères peuvent allaiter leur progéniture plus souvent que les mères de Serengeti. Ainsi, les agressions entre frères et sœurs sont moins fréquentes, il n'y a pas ou peu de caïnisme et les femelles peuvent même élever des portées triples. Les femelles dominantes transfèrent des taux d'androgènes plus élevés que les mères de rang inférieur, ce qui rend les petits des femelles dominantes plus agressifs et sexuellement actifs que ceux des hyènes de rang inférieur; les petits mâles de rang supérieur tenteront de s'accoupler avec les femelles plus tôt que les mâles de rang inférieur. La portée moyenne est composée de deux petits, trois étant occasionnellement signalés. Donner naissance est difficile pour les hyènes femelles, car les femelles accouchent par le biais de leur clitoris étroit et les petits sont les plus gros carnivores jeunes par rapport au poids de leur mère. Pendant la mise-bas, le clitoris se rompt pour faciliter le passage des jeunes et peut prendre des semaines pour guérir. Les femelles en lactation peuvent transporter de trois à quatre kilogrammes de lait dans leurs mamelons. Le lait des hyènes a la teneur en protéines la plus élevée de tous les carnivores terrestres. Les mères ne régurgitent pas la nourriture pour leurs petits mais elles peuvent rapporter de la nourriture à la tanière où elles allaitent également leurs petits. Les femelles sont très protectrices envers leurs petits et ne toléreront pas que d'autres adultes, en particulier des mâles, s'en approchent. Les hyènes tachetées présentent des comportements d'adultes très tôt dans la vie; on a observé des petits se renifler rituellement et marquer leur espace vital avant l'âge d'un mois. Dans les dix jours qui suivent leur naissance, ils peuvent se déplacer à une vitesse considérable. Ils commencent à avoir des comportements de chasse à l'âge de huit mois et participeront pleinement aux chasses en groupe après leur première année. Les hyènes tachetées atteignent leur maturité sexuelle entre deux et quatre ans. La durée de vie moyenne dans les zoos est de douze ans, avec un maximum de quarante un ans. Dans la nature, ils sont connus pour vivre jusqu'à dix-neuf ans. La vie sociale du clan tourne autour d'une tanière commune. Celle-ci est généralement volée à d'autres espèces. Le premier avantage des tanières est protecteur lorsque les petits passent leurs premiers huit à douze mois. Mais les tanières ont également d'importantes fonctions sociales en tant que lieu de rencontre où les membres du clan interagissent socialement, ainsi qu'avec les petits, ce qui contribue à leur développement social. Certains clans peuvent utiliser leur tanières pendant des années, tandis que d'autres peuvent utiliser plusieurs tanières différentes au cours d'une année ou plusieurs sites simultanément. Celles-ci peuvent être séparées de sept kilomètres maximum. Les tanières des hyènes peuvent avoir plus d'une douzaine d'entrées et sont situés pour la plupart sur un terrain plat. Les tunnels ont généralement une section ovale, étant plus larges que haut, et se réduisent d'une largeur de vingt-cinq centimètres. Les tanières ont de larges zones plates autour de leurs entrées, où les hyènes se déplacent ou s'allongent. En raison de leur taille, les hyènes adultes sont incapables d'utiliser toute l'étendue de leurs tanières, car la plupart des tunnels sont creusés par des petits. La structure de la tanière, constituée de petits canaux souterrains, constitue probablement un dispositif anti-prédateur efficace qui protège les petits des prédateurs pendant l'absence de la mère. Les fèces sont généralement déposées à vingt mètres de la tanière, bien que les individus urinent où qu'ils se trouvent. Les tanières sont principalement utilisées par plusieurs femelles à la fois, et il n'est pas rare de voir jusqu'à vingt petits sur un seul site. Les femelles donnent généralement naissance à la tanière commune ou à une tanière de naissance privée. Cette dernière est principalement utilisée par les femelles de statut inférieur pour conserver un accès continu à leurs petits et pour s'assurer qu'elles se familiarisent avec leurs petits avant leur transfert dans la tanière commune La hyène présente un plus gros cortex frontal qui intervient dans la médiation du comportement social. Lorsqu'ils vivent une période précoce d'apprentissage intensif de leur environnement social, la demande de dextérité sociale lors d'interactions compétitives et coopératives n'est pas moins intense que chez les groupes de primates. Enfin, les hyènes semblent être capables de réaliser autant exploits de reconnaissance sociale et de cognition que les primates. Les hyènes surpassent les chimpanzés lors des tests coopératifs de résolution de problèmes. Des paires captives de hyènes tachetées ont été invitées à tirer deux cordes à l'unisson pour gagner une récompense en nourriture, en coopérant avec succès et en apprenant rapidement les manœuvres sans formation préalable. Des hyènes expérimentées ont même aidé des camarades de clan inexpérimentés à résoudre le problème. En revanche, les chimpanzés et les autres primates nécessitent souvent une formation approfondie et la coopération entre individus n'est pas toujours aussi facile pour eux. Les hyènes sont excessivement rusées et sournoises, en particulier après s'être échappées des pièges. Les hyènes semblent prévoir la chasse de certaines espèces à l'avance et certaines ont été observées se livrant à des activités telles que le marquage des odeurs avant de partir à la chasse aux zèbres, un comportement qui ne se produit pas lorsqu'elles ciblent d'autres espèces de proies. De plus, il a été constaté que les hyènes tachetées adoptaient un comportement trompeur, notamment en émettant des cris d’alarme pendant leur alimentation afin d'effrayer leur ennemi ou d'autres membres du clan et en leur permettant de manger temporairement en paix. De même, les mères émettent des appels d'alarme en essayant d'interrompre les attaques de leurs petits par d'autres hyènes. Les hyènes sont connues comme étant des chasseurs qualifiés et environ vingt-cinq à trente-cinq pour cent des tentatives de chasse aboutissent à la capture d'une proie ongulée. Seules, elles se nourrissent de petites proies jusqu'à soixante-quinze pour cent du temps. Cependant, les grands ongulés requièrent souvent la coopération des membres du clan, ce qui augmente la probabilité de réussite d'environ vingt pour cent. Les hyènes chassant seules des jeunes gnous bleus dans le Serengeti ont un taux de réussite de chasse de seulement quinze pour cent, ce chiffre pouvant atteindre vingt-trois pour cent pour une chasse en duo et jusqu'à trente-un pour cent pour les groupes de trois ou plus. Lorsqu'elles chassent des proies de taille moyenne à grande, les hyènes tachetées ont tendance à sélectionner certaines catégories d'animaux. Elles choisissent généralement les individus les moins aptes parmi les proies: parmi les populations de gnous et de gazelles, les jeunes animaux sont fréquemment ciblés, tout comme les animaux âgés, bien que cette dernière catégorie ne soit pas aussi importante lors de la chasse aux zèbres, en raison de leur comportement agressif anti-prédateur. Le succès de la chasse varie en fonction de la taille du groupe, des espèces de proie, des tactiques de défense de la proie, de la taille du groupe de proies et de l'écosystème. La hyène suit ses proies vivantes grâce à sa vue, son audition et odorat. Les carcasses sont détectées par l'odorat et le son des autres prédateurs qui s'en nourrissent. Pendant la journée, elles regardent les vautours descendre sur des carcasses. Leur perception auditive est suffisamment puissante pour détecter le bruit des prédateurs tuant une proie ou se nourrissant de carcasses sur des distances pouvant atteindre dix kilomètres. Contrairement au loup gris, la hyène se repose davantage sur sa vue que sur son odorat lors de la chasse et ne suit pas les empreintes de sa proie ni ne se déplace en file indienne. Une petite proie est tuée par une seule morsure alors que les proies plus larges sont mangées vivantes. Les hyènes chassent généralement le gnou soit individuellement, soit par groupes de deux ou trois. Elles attrapent des gnous adultes généralement après cinq kilomètres de courses à une vitesse pouvant atteindre soixante kilomètres/heure. Les poursuites sont généralement débutées par une hyène et, à l'exception des femelles avec des petits, il y a peu de défense active de la part du troupeau de gnous. Un gnou tentera parfois d'échapper aux hyènes en se jetant à l'eau, même si, dans de tels cas, les hyènes l’attraperont presque toujours. Les zèbres exigent des méthodes de chasse différentes de celles utilisées pour les gnous, en raison de leur habitude de courir en groupes serrés et de la défense agressive des étalons. Les groupes de chasseurs de zèbres typiques sont constitués de dix à vingt-cinq hyènes, bien qu'un seul cas d'hyène tuant un zèbre adulte sans aide ait été enregistré. Lors d'une poursuite, les zèbres se déplacent généralement en groupes serrés, les hyènes poursuivant en arrière dans une formation en croissant. Les poursuites sont généralement relativement lentes, avec une vitesse moyenne de quinze à trente kilomètres/heure. Un étalon essaiera de se placer entre les hyènes et le troupeau, mais dès qu'un des zèbres est distancé par le reste du troupeau, généralement après une course de trois kilomètres, il est immédiatement attaqué. Bien que les hyènes puissent harceler l'étalon, elles ne se concentrent généralement que sur le troupeau et tentent d'esquiver les assauts de l'étalon. Contrairement aux étalons, les juments réagissent seulement de manière agressive lorsque leurs poulains sont menacés. À la différence des gnous, les zèbres s'abreuvent rarement lorsqu'ils sont poursuivis par des hyènes. Lors de la chasse aux gazelles, les hyènes tachetées opèrent généralement seules et s'attaquent principalement aux jeunes faons. Les poursuites contre des gazelles adultes et jeunes peuvent couvrir des distances de cinq kilomètres avec une vitesse de soixante kilomètres/heure. Les gazelles femelles ne défendent pas leurs faons, bien qu'elles puissent tenter de distraire les hyènes en feignant d'être faibles. Les hyènes sont des prédateurs grégaires nécessitant un régime carnivore à base de vertébrés. Pour maintenir leur état, elles ont besoin de quatre kilogrammes de viande par jour. Considérées à l'origine comme des charognards, il est maintenant bien connu qu'elles sont des chasseurs actifs et les carcasses ne représentent qu'un tiers de leur alimentation dans le Serengeti. Les habitudes alimentaires des hyènes sont extrêmement variées dans le choix de leurs proies, qui varient considérablement d'un écosystème à l'autre. Leur morphologie et leur opportunisme comportemental leur permettent de capturer tout ce qu'il peut l'être, des lièvres aux girafes. Ils tuent des herbivores tels que des petites antilopes, moyennes ou grandes, des buffles et d'autres herbivores tels que le zèbre ou le phacochère. Dans les régions où les hyènes et les lions sont sympatriques, les deux espèces occupent la même niche écologique et sont en compétition directe l'une avec l'autre. Les habitudes alimentaires des hyènes et des lions sont similaires et les deux espèces ont cinquante-huit pour cent de leurs espèces de proies en commun. Les hyènes volent au quotidien cent pour cent des proies des lions lorsque les mâles adultes sont absents de la troupe. L'hyène se nourrit de proies tuées par les lions et vice versa, sans qu'aucune espèce n'ait un avantage évident. D'un autre côté, les hyènes perdent jusqu'à cinq pour cent de leurs proies tuées au profit des lions. Le résultat de toute interaction compétitive entre ces deux espèces dépend de plusieurs facteurs tels que le nombre de lions et de hyènes présents, la présence ou non de lions mâles adultes et la motivation actuelle des membres des deux espèces. Les membres de matrilignes d'hyène coopèrent fréquemment pour se défendre contre les lions et peuvent causer des blessures graves pouvant parfois entrainer la mort. Les lions ignorent généralement les hyènes, sauf lorsqu'ils leurs disputent une proie ou s'ils sont harcelés par elles. Il existe une fausse idée courante selon laquelle les hyènes volent les proies des lions, mais le plus souvent, c'est l'inverse. Les lions tuent les hyènes afin de réduire la compétition alimentaire et, dans certains écosystèmes, les lions sont la principale source de mortalité des hyènes. Les lions peuvent rapidement suivre les appels à l'alimentation des hyènes, un fait démontré par des expériences sur le terrain, au cours desquelles les lions s'approchaient à plusieurs reprises chaque fois que les appels enregistrés de l'alimentation des hyènes étaient entendus. Lorsque les lions leur disputent une proie, les hyènes s'en vont ou attendent patiemment à une distance de trente à cent mètres jusqu'à ce que les lions aient fini de manger. Dans certains cas, les hyènes ont l'audace de se nourrir aux côtés des lions et peuvent parfois les forcer à leur abandonner une proie. Cela arrive surtout la nuit, quand les hyènes ont plus d'assurance. Les deux espèces peuvent agir agressivement l'une envers l'autre même lorsqu'il n'y a pas de nourriture en jeu. Les lions peuvent charger les hyènes et les mutiler sans raison apparente ; et la prédation des lions peut représenter jusqu'à soixante-onze pour cent des morts des hyènes. Les hyènes tachetées se sont adaptées à cette pression en s'attaquant fréquemment aux lions qui entrent sur leur territoire.

Le lion a fait plus de trente ans au pouvoir n'arrive plus à subvenir aux besoins de ses compatriotes, les animaux. Mais il s'obstine à ne pas céder le pouvoir. Il est de plus en plus détesté et critiqué par tous les animaux du pays. Les animaux de la forêt en ont ras-le-bol de vivre les mêmes choses, les mêmes hécatombes et la même misère. La forêt va de mal en pis. Une longue et grande sécheresse ravage le peuple de la forêt. Les animaux vivent dans la peur et dans la pauvreté ambiante déconcertante. La nation forestière qui était jadis unie se balkanise en classes sociales : une minorité élitiste, au pouvoir qui s'enrichit frauduleusement et une majorité de la population animale qui s'appauvrit drastiquement et vit au seuil de la pauvreté extrême et dans le chômage. La forêt est en crise. Les guerres ébranlent toute la nation forestière. Le pays forestier frise le naufrage et les animaux sont voués à un sort apocalyptique. Ils tentent plusieurs fois de faire changer les choses, en vain. C'est la jungle totale. La forêt est transformée en Sodome et Gomorrhe où les sectes, les pratiques sataniques et les crimes rituels traumatisent le peuple animal au quotidien. Le lion, âgé de plus de quatre-vingt-dix ans et dont la santé est sans cesse dégradante, s'obstine à rester éternellement au pouvoir, aidé par ses proches collaborateurs et ministres de la république des animaux, le hibou, l'écureuil, le hérisson, le rat-palmiste, la vipère, le boa, le perroquet et le caméléon. Ils exaspèrent par des actes ignobles à l'endroit du bas peuple de la population animale. Le chef du gouvernement, l'écureuil, fréquente parcs et jardins, l'habitat naturel où il peut toujours trouver assez de sous-bois pour se dissimuler à la vue des prédateurs. Contrairement à ses autres frères écureuils roux qui préfèrent les forêts de résineux et mixtes, l'écureuil gris est essentiellement adapté aux forêts de feuillus et mixtes. L'écureuil construit son nid sur une branche nue ou dans un tronc creux. Il s'empare souvent d'un nid de corbeau qu'il recouvre d'un toit de brindilles pour protéger l'intérieur. Le nid est généralement tapissé de mousse, de duvet de chardon, d'herbes sèches et de plumes. L'écureuil gris peut construire plusieurs nids et les utiliser tour à tour. Les nids de maternité sont réservés aux femelles et aux jeunes, mais les nids d'hiver et les nids de passage sont souvent occupés par plusieurs animaux qui se tiennent chaud. L'espèce connaît deux périodes de reproduction par an, la première en janvier et février, et la seconde en juin et juillet. Chaque saison de reproduction dure environ trois semaines. La gestation, ou la grossesse, dure de 40 à 44 jours et, en moyenne, il naît trois petits, les portées pouvant cependant en compter de un à six. Les nouveau-nés, nus et aveugles, pèsent environ 15 g. Ils se développent rapidement; au bout de trois semaines, leur pelage est complet et, à quatre semaines, leur queue est bien fournie. Les oreilles se dressent quatre semaines après la naissance, et les yeux s'ouvrent une semaine plus tard. À l'âge de huit semaines, les jeunes écureuils s'aventurent aux alentours du nid. Le sevrage, période où la mère cesse peu à peu d'allaiter les petits, commence alors, et vers l'âge de 12 semaines, les jeunes ont presque atteint la taille adulte et sont passablement autonomes. La mère est très protectrice et est prête à faire tous les sacrifices pour ses petits. Lorsqu'elle entreprend de nourrir ses petits ou améliorer son nid et qu'elle est dérangée par l'Homme ou un prédateur, elle devient immobile, afin de se faire oublier. Rien ne lui fait changer de position, pas même une noisette à proximité, si ce n'est le départ de l'intrus en question. La mère allaite mais fournit également des graines ou noix stockées dans ses joues qu'elle s'est au préalable procurées grâce aux Hommes visitant les forêts où les parcs, en volant dans les jardins des habitations ou de par une recherche intensive en forêt. Dans le cas où la portée excède le nombre de 7 bébés, elle ne peut hélas pas en allaiter un de plus, et la plupart du temps, les bébés sont recueillis par un membre femelle de la famille: tante, grand-mère, arrière-grand-mère ou grande sœur. Les écureuils ont en effet une excellente mémoire spatiale et "personnelle". L'écureuil est omnivore, se nourrissant de glands, noisettes, marrons, baies et autres fruits, sève d'érable, écorces, fleurs et bourgeons, faines de hêtre, samares d'érable, œufs et oisillons, insectes. Il accumule des réserves dans le sol ou autres endroits. Il doit manger tous les jours, même en hiver ; il peut retrouver ses réserves sous la neige par sa mémoire des repères visuels et sa capacité olfactive. Il n'hiberne pas et ne peut emmagasiner assez d'énergie pour survivre longtemps sans manger. Nommé chef du gouvernement par le lion, l'écureuil multiplie des erreurs qui sont fatales pour l'avenir de la nation animal. L'armée, commandée par le boa brille par ses tortures et bavures au nord-ouest et au sud-ouest de la forêt. Le peuple animal en souffre et en meurt.

Le ministre de l'intérieur, le perroquet quant à lui est une sorte d'oiseau exotique capable d'imiter la voix humaine, puis il est précisé qu'il a un gros bec et vient des pays chauds. Il s'agit d'un oiseau « grimpeur et subtropical » qui fait partie des

Psittacidés bavarde, ennuie et distrait le peuple de la forêt par son psittacisme, ses balivernes et ses prises de paroles hors-sujet. Il annonce aux yeux du monde qu'il n y a pas de crise animale au nord-ouest et au sud-ouest de la forêt. Les hostilités de la crise des animaux ont été lancées par les animaux enseignants et les animaux avocats, puis par la suite, la crise s'est généralisée dans tout le pays forestier. Le perroquet avec son psittacisme voulait montrer au lion qu'il travaille en multipliant les balivernes du genre « tout est maîtrisé », « tout est sous contrôle » grâce à la magnanimité et à la promptitude du chef de l'État, le lion, roi à vie des animaux.

Le hibou est un rapace nocturne très répandu en Afrique. Tout comme sa cousine la chouette, avec qui il ne faut pas le confondre, le hibou est un animal hautement protégé dans notre pays. Certaines espèces de hiboux migrent pendant les mois d'hiver, d'autres non. Sa vue et son ouïe très particulières font du hibou un redoutable chasseur la nuit. Le hibou n'est pas le nom d'un animal en tant que tel. Il s'agit d'un nom générique, et non d'une classification scientifique, donné aux rapaces de la famille des Strigidés de l'ordre des Strigiformes, qui portent des aigrettes, ressemblant à de petites oreilles, au-dessus de leurs sourcils. Ces aigrettes sont en fait des petites touffes de plumes qui bougent au gré de l'humeur du hibou. Par exemple, en cas de stress, le hibou contracte ses muscles faciaux qui font dresser ses aigrettes. À part ses aigrettes qui font du hibou un oiseau facilement reconnaissable, ce rapace nocturne possède un bec crochu et de gros yeux. Son visage est caractérisé par un masque facial. Le hibou est doté de serres munies de griffes acérées. Il est également célèbre par son cri lugubre et effrayant, le hululement, que l'on entend à la tombée du jour et la nuit, cri souvent associé à l'angoisse et à la peur. D'ailleurs les noms de la famille et de l'ordre auxquels le hibou appartient, respectivement les Strigidés et les Strigiformes, proviennent du mot latin "Strix" également à l'origine du mot sorcière et du nom d'un oiseau de légende, la "Stryge", oiseau vampire qui suçait le sang des enfants selon les croyances populaires. Comme tous les rapaces nocturnes de sa famille, le hibou a développé un sens de la vue particulier. Ses yeux ne sont pas mobiles mais au contraire solidaires du crâne. Cette particularité permet au hibou de très bien apprécier les distances, ce qui facilite sa chasse la nuit. Ses yeux sont aussi placés vers l'avant lui procurant une vue binoculaire précise, c'est-à-dire un mode de vision dans lequel les deux yeux sont utilisés simultanément. Le hibou a la faculté de chasser dans l'obscurité complète grâce à ses yeux qui laissent entrer de 2 à 3 fois plus la lumière que ceux de l'homme. Le système auditif du hibou est aussi très développé. Il lui permet, par des vibrations sonores, de localiser précisément ses proies. Cette particularité très utile pour le rapace est due à son masque facial qui agit comme une parabole qui concentre les ondes sonores et qui les envoie ensuite vers les conduits auditifs du hibou situés en bordure de ce masque, au niveau des yeux. Le hibou a un vol qui n'émet pratiquement aucun bruit, ce qui lui permet d'arriver en silence sur ses proies. Cette caractéristique est due à certaines de ses plumes dont les ramifications atténuent le bruit des ailes en vol. Le hibou ne construit pas son propre nid mais occupe ceux déjà en place, des nids d'éperviers, de pigeons ou encore de hérons, abandonnés par leurs propriétaires. Le hibou, conseillé spécial du lion, brille par son mensonge abracadabrant et ses pratiques obscènes et mystiques. L'absence et le silence du lion allument le courroux des animaux abandonnés à leur propre sort scabreux et ténébreux. La corruption, l'injustice, l'insécurité, les détournements des deniers publics, les sectes, le chômage sont des pratiques légalisées au détriment des valeurs citoyennes d'antan qui sont écartées.

Dans la forêt, le lion a normalisé l'écart et a écarté la norme. Le pays des animaux qui, vivait uni, épanoui dans la paix est d'ores et déjà divisé aux mains de certains animaux terroristes. Ils profitent de la faiblesse du lion pour détruire, persécuter, tuer les autres animaux et piller les ressources naturelles de la forêt, patrimoine et bien commun de tous les animaux. Le grand Nord est dirigé par les terroristes, loups qui sèment la terreur et obligent les autres animaux à s'exiler dans d'autres forêts voisines. L'Est est dominé par l'éléphant qui décime tout sur son passage. Le Nord-ouest et le Sud-ouest sont gouvernés par les séparatistes, la panthère et le tigre qui réclament leur État indépendant détaché totalement de l'État central, en torturant, décapitant et en terrorisant la population animale de ce côté-là, et surtout les animaux de sexe féminin, les Girafes. Malgré tous ces événements moroses qui interpellent le lion, roi des animaux de l'Afrique en miniature, celui-ci reste de plus en plus calme et silencieux. La vie devenait âpre dans la forêt. Les grands écrasaient les petits ; les riches exploitaient les pauvres ; les forts dominaient les faibles et imposaient par-dessus tout le respect. La nation forestière était balkanisée. Le lion âgé et affaibli par des maladies n'arrivait plus à diriger ses compatriotes, animaux et d'instaurer l'ordre, le calme et la paix dans la forêt.

L'ambiance du pays forestier était devenue morose et funeste. Certains animaux qui ne pouvaient plus supporter cette souffrance et douleur atroce se réfugiaient dans des pays forestiers environnants comme des réfugiés et des exilés des guerres. Les autres animaux avaient trop supporté, grevaient, organisaient des marches dans tout le pays forestier. Ils étaient embastillés, bastonnés et muselés par des milices animales. La hyène, consciente de cette situation alarmante du pays des animaux, lance une campagne de démocratisation et de déstabilisation du lion au pouvoir, « le chassement » du lion dictateur. Pour cela, il se sert des réseaux (sociaux :whatsapp, imo, facebook, tweeter) et les médias pour toucher et atteindre un vaste public des animaux afin de trouver un commun accord démocratique pour ôter le lion à la tête de la nation des animaux depuis des lustres. Ces multiples communications auprès des internautes trouvent un écho favorable. Il réussit à émouvoir tout le pays de la forêt y compris les animaux des forêts de la diaspora au prix d'énormes sacrifices. Il touchera même la sensibilité des animaux de la communauté internationale, la colombe, le dauphin, le requin, la baleine et l'ourse pour faire pression sur le lion afin que celui-ci accepte de revoir le code électoral consensuel qui permettrait au pays de retrouver la paix et la stabilité dans des régions en crise de la forêt et d'organiser les élections démocratiques dans la légalité, et la transparence. L'hyène fait un voyage de crise pour rencontrer ses homologues, animaux de la diaspora, de l'Europe, l'Asie et l'Amérique pour trouver des solutions adéquates aux crises sécuritaire et sanitaire (coronavirus) qui minent son pays de la forêt. La pression énorme est faite sur le lion qui résiste et s'obstine à rester au pouvoir. Les animaux de la forêt suffoquent et meurent sans cesse. Les animaux de la tranche des multinationales refusent d'octroyer de l'aide financière et sécuritaire au pays du lion. Le pays du lion est sous embargo et non-assistance alimentaire. Les autres animaux des autres pays des forêts tournent le dos au lion. Le lion et son gouvernement sont dos au mur. Tous les secteurs d'activités sont touchés. Le pays des animaux est en crise et frise le naufrage. Les écoles sont prises en otage par les animaux enseignants qui grèvent et revendiquent non seulement leurs salaires mais aussi et surtout leur statut particulier. Sous haute instruction du roi, le lion, le hibou intime l'ordre à la vipère, ministre des finances de payer les aérés des salaires de ces derniers. La vipère sans avoir quelque chose, répond au lion que les animaux enseignants sont de mauvaise foi, car ils ont déjà perçu tout leur dû. La prise de parole narquoise de la vipère qui les considère comme les ennemis de la nation animalière, les opposants politiques et maîtres chanteurs qui veulent déstabiliser et saboter l'immense travail de sa majesté le lion. Malheureusement la crise est générale. L'obsession du lion au pouvoir s'estompe. Finalement, il abdique et renonce au trône. Il revoit le code électoral, de manière consensuelle avec l'hyène et les autres animaux opposants de la forêt tels que : le loup, l'éléphant, la panthère et le tigre. Avec l'aide de ces animaux opposants et des animaux de la communauté internationale, ils réussissent à instaurer la paix dans la forêt et organisent les élections présidentielles des animaux de la forêt. Suite aux suffrages valablement exprimés par les animaux de la forêt d'ici et d'ailleurs, l'hyène est déclarée candidat vainqueur aux élections présidentielles des animaux de la forêt. Elle accède à la magistrature suprême de la destinée de la population animale. Le lion est tombé. Au terme de ces élections présidentielles purement démocratiques, la cours constitutionnelle par la bouche de son président, la tortue proclame l'hyène présidente de la république des animaux de la forêt. L'hyène accède au pouvoir de hautes instances de la république des animaux aux suffrages valablement exprimés par le peuple animalier de la forêt. Le lion lors de son interview reconnait et félicite la victoire de l'hyène aux élections présidentielles transparentes et démocratiques des animaux de la forêt. L'hyène en retour en prêtant serment remercie le lion qui a su faire preuve de son bon sens démocratique et a accepté par-dessus tout, sa défaite.

Les animaux organisent la fête. Ils sont contents de vivre l'alternance au sommet de l'État tout en escomptant que l'hyène avec du nouveau souffle, viendra résoudre efficacement leurs problèmes et de développer leur pays de la forêt. Le lion se retire du pouvoir avec son équipe dirigeante, l'hyène prend le pouvoir et organise son gouvernement. L'hyène va-t-elle réussir à bien gouverner les animaux de la forêt ? Attendons de voir la suite ! Entre temps les animaux dansent, le balafon résonne, ils boivent du bon vin et sont contents du nouvel ordre animal à la tête de la forêt qui voit le jour grâce au vent de la démocratie qui souffle au pays des animaux de la forêt.

FIN

MIX

Printed by Books on Demand GmbH, Norderstedt / Germany

Printed by Books on Demand GmbH, Norderstedt / Germany